Les Symboles

La vigne.

PLATON

la couronne.

Nathalie Le Luel

Les Symboles

Photographies des éditions Jean-Paul Gisserot, sauf mentions contraires

À gauche : le griffon.

En haut : Démon, diable. © Royer/Bigot.

Éditions Jean-Paul Gisserot
www.editions-gisserot.eu

Agneau : A cause de son aspect extérieur docile et de son pelage de laine blanche, l'agneau est avant tout un symbole de douceur, de pureté, d'innocence et d'obéissance. Dans les religions monothéistes (chrétienne, juive et musulmane), il est l'animal sacrificiel par excellence. Dans l'iconographie chrétienne, l'agneau est ainsi l'un des principaux symboles du Christ. Il fait référence au sacrifice rédempteur de Jésus sur la croix pour le salut de l'humanité, comme le préfigure la célèbre parole de Jean-Baptiste : « Voici l'agneau de Dieu qui enlève le péché du monde » (Jn 1,29). Souvent nimbé, il est généralement figuré debout de profil, tenant une croix haute ou une bannière dans une de ses pattes avant. Dans ce cas précis, il présente une double symbolique : il est à la fois le Christ Sauveur de la Passion et le Christ Victorieux de la Résurrection.

Agneau, *la Gloire de l'Agneau*, basilique Saint-Sernin, Toulouse - Haute-Garonne.

Aigle - *Fontaine du Palmier* - Paris.

Aigle : Symbole de courage, de force et de puissance, l'aigle est au cours de l'Antiquité choisi comme enseigne guerrière (les premiers furent les Perses mais on le retrouve également dans la mythologie grecque comme insigne de Zeus) puis l'animal* devient notamment l'emblème de la République et de l'Empire romains, symbole de la parfaite souveraineté. Par voie de conséquence, l'aigle se transforme en symbole impérial par excellence, que ce soit pour l'empire carolingien, pour le Saint-Empire romain germanique ou pour leurs avatars (em-

* L'astérisque qui suit un symbole signale que ce dernier a fait l'objet d'une notice distincte.

Alpha et Oméga, *Linteau de Saint-Genis-des-Fontaines* - Pyrénées-Orientales.

pire napoléonien, IIIe Reich, voire les Etats-Unis d'Amérique avec le pygargue à tête blanche) et est largement repris dans l'héraldique. Dans l'art chrétien, il est un animal* ambivalent, à la fois négatif en tant que symbole de l'orgueil ou encore de la cruauté, et positif puisqu'il est aussi le symbole de l'évangéliste Jean (en lien avec le Tétramorphe*) et du Christ.

Air* (Eléments)

Alpha et Oméga : Première et dernière lettres de l'alphabet grec, l'alpha α et l'oméga ω sont le symbole de la totalité, de Dieu et du Christ. Elles accompagnent régulièrement les représentations du Christ ou de son monogramme*. Rappelant les paroles divines rapportées par Jean dans le Livre de l'Apocalypse (Ap 1,8 et 21,6) – « Je suis l'Alpha et l'Oméga, dit le Seigneur Dieu, celui qui est, qui était, et qui vient, le Tout Puissant. » –, les deux lettres grecques signifient que Dieu est le principe et la fin de toutes choses, qu'il était au commencement du monde et qu'il y sera à son terme.

Âne : L'âne est surtout le symbole de la stupidité et de la bêtise, nature qu'on lui suppose depuis l'Antiquité. Dans quelques églises médiévales, on peut observer la figure de l'âne à la lyre* : l'animal* est alors représenté l'instrument de musique* entre les pattes mais on l'imagine incapable d'en sortir un quelconque son harmonieux. L'incongruité de l'image a donc pour but de symboliser l'ignorance. Le qualificatif d'âne associé à une personne est, à ce propos, encore aujourd'hui synonyme de « sot » ou davantage de « mauvais élève » d'où un certain nombres de proverbes (par exemple, « il est impossible de faire d'un âne un cheval » ; « il y a à la foire plus d'un âne qui s'appelle Martin ») et d'expressions (« faire des âneries », un « bonnet d'âne ») qui résulte de la déconsidération de l'animal. En revanche, l'âne a parfois été considéré au cours de la période médiévale comme un symbole d'humilité, en tant que monture du Christ au cours de la Fuite en Egypte ou encore lors de son Entrée à Jérusalem.

Animal : L'animal revêt une multitude de symboliques ayant à la fois pour fonction de renvoyer aux domaines de l'inconscient et de l'instinct et de représenter les forces cosmiques (par exemple, le zodiaque*) ou divines. Dans l'Egypte ancienne, les divinités sont figurées sous formes d'animaux ou

Âne, *L'entrée dans Jérusalem dans la Clôture du chœur* - Notre-Dame de Paris.

dotées de têtes animales (Horus-faucon ; Hathor-vache ; Sekhmet-lionne). La colombe* est le symbole chrétien de l'Esprit Saint. Nombre de religions attribuent aux animaux certains traits de caractère humains assimilables parfois à des vertus, plus souvent à des vices : dans le bestiaire médiéval chrétien, la cigogne symbolise la vigilance tout comme le coq*, image également de courage et d'ardeur sexuelle, l'âne* incarne la stupidité, l'ours la méchanceté, le lion* la sagesse, le sanglier* la luxure…

Anneau : L'anneau est le symbole d'une alliance, de la fidélité, du lien, de l'appartenance à une communauté, d'un vœu, d'une union (anneau nuptial par exemple). En raison de sa forme circulaire, il symbolise aussi l'éternité. Le port d'un anneau est également la marque d'une dignité ecclésiastique (anneau du Pape, dit « anneau du pêcheur », anneau épiscopal), d'une distinction (anneau des chevaliers), ou d'une charge (anneau des sénateurs romains).

Arbre : L'image de l'arbre ouvre l'un des champs symboliques les plus abondants. Par son feuillage qui meurt à l'automne et renaît au printemps, l'arbre est avant tout un symbole de la vie, lié au cycle des saisons. L'idée de fécon-

Arbre, *L'Arbre de Jessé*,
cathédrale de Chartres - Eure-et-Loir.

dité est également présente derrière ce processus cyclique de retour à la vie. Communiquant par ses racines avec le monde souterrain, par son tronc avec le monde terrestre et par ses branches et sa cime avec le ciel, il est aussi un symbole cosmique, véritable axe du monde. L'iconographie biblique utilise également la figure de l'arbre pour mettre en scène la généalogie du Christ dans l'Arbre de Jessé, référence directe à l'Arbre de Vie du Paradis et à l' « arbre de la croix du Christ », c'est-à-dire à l'Arbre de la connaissance du bien et du mal. Enfin, certaines espèces d'arbre renvoient à une symbolique particulière : par exemple, l'olivier*, le chêne (robustesse et longévité) ou l'acacia (renaissance et immortalité), etc.

Arc-en-ciel : Phénomène météorologique qui se traduit sous la forme d'un arc lumineux présentant les couleurs* du prisme (rouge, orange, jaune, vert, bleu, indigo, violet) et apparaissant quand le soleil* brille pendant la pluie, l'arc-en-ciel est vu comme un pont tendu entre le ciel et la terre, et est donc un symbole de la communication entre l'humain et le divin. Dans la symbo-

Arche, *L'Arche de Noé*, église Saint-Étienne-du-Mont - Paris.

Arche, *L'arrivée de l'Arche d'Alliance à Jérusalem, Tapisserie de David et Bethsabée* - Musée national de la Renaissance à Écouen - Val-d'Oise.

lique chrétienne, il signifie l'alliance entre Dieu et les hommes. Il est aujourd'hui également utilisé comme symbole de paix par les mouvements pacifistes (par exemple, en Italie contre la guerre en Irak commencée en 2003) et comme symbole de la communauté homosexuelle sous forme de drapeau (le rainbow flag créé en 1978 aux Etats-Unis).

Arche : L'arche est généralement associée à la symbolique biblique de l'Arche de Noé et de l'Arche d'Alliance. Symbole de l'Eglise, l'Arche de Noé permet au patriarche, à sa famille et à un couple de chaque espèce animale d'être sauvés du Déluge. Elle est liée au thème du salut comme l'est aussi l'Arche d'Alliance. Emportée par les Israélites dans leur exode, cette dernière assurait leur protection. Le thème de l'arche, en tant que symbole du sein maternel, peut enfin renvoyer à l'image de Marie, intermédiaire entre Dieu et les hommes.

Argent : La symbolique de l'argent se construit en opposition avec celle de l'or* qui renvoie au soleil*. L'argent est au contraire associé depuis l'Antiquité à la lune et à la féminité. Sa couleur blanche et son éclat en font également un symbole de pureté. Dans le christianisme, il peut aussi évoquer la sagesse divine.

Auréole, mandorle, nimbe : Symboles de la lumière divine, l'auréole et le nimbe se matérialisent sous la forme d'un halo lumineux entourant la tête d'un personnage. D'origine chrétienne, l'auréole est généralement réservée à la représentation du Christ et de la

Mandorle, *Christ en majesté, basilique Saint-Sernin à Toulouse* - Haute-Garonne.

Nimbe, *Ange du Jugement dernier, portail de la basilique Sainte-Madeleine à Vézelay* - Yonne.

Vierge Marie. Le nimbe, dont la genèse se situe dans l'Antiquité païenne, orne tout autant la tête des divinités, celle des illustres personnages vivants que celle des saints. Dans l'iconographie chrétienne, il est le symbole même de la sainteté et se présente sous la forme d'un cercle*. La mandorle a au contraire l'aspect d'une amande et possède la même symbolique que l'auréole dont elle est un synonyme. Dans l'art chrétien, elle entoure exclusivement les corps du Christ en majesté et de la Reine des Cieux.

Balance : La balance est le symbole de la justice, de la mesure, de l'équilibre et de l'ordre. Elle évoque aussi bien la justice terrestre que la justice céleste ou divine ; c'est pourquoi elle est également considérée comme le signe du jugement. Dieu des morts dans l'Egypte ancienne, Osiris pèse les âmes des défunts, tâche attribuée dans l'iconographie chrétienne du Jugement dernier à l'archange Michel. Dans les deux cas, la scène est appelée la pesée des âmes et elle préside au passage dans l'au-delà. La balance est aussi le septième signe du zodiaque*.

Balance, *Détail du tympan du Jugement dernier*, cathédrale d'Amiens - Somme.

Balance, *Détail du tympan du Jugement dernier*, cathédrale Notre-Dame de Paris.

Basilic

Basilic : Animal légendaire, le basilic est représenté, dans l'Antiquité, sous la forme d'un serpent*, tandis que le Moyen Age le figure comme un être hybride, à tête et poitrail d'oiseau (coq* le plus souvent) et queue de serpent. Symbole du péché et de la tentation, il incarne, dans la pensée chrétienne, le Diable* et est souvent représenté foulé aux pieds par le Christ.

Sceptre, *L'Empereur* (1805-1810) par François Gérard (1777-1839), château de Malmaison - Hauts-de-Seine.

Bâton, crosse, sceptre : Symbole du pouvoir, de puissance et de commandement, le bâton est aussi le symbole d'un savoir magique (baguette des fées, bâton de Moïse séparant les eaux de la mer Rouge). Devenu crosse d'abbé ou d'évêque sous la forme d'un bâton processionnel terminé par une croix – objet qui trouve son origine dans le bâton pastoral –, il matérialise l'autorité spirituelle. Parallèlement, le sceptre symbolise la souveraineté légitime du pouvoir royal et impérial.

Crosse, *saint Nicolas*, basilique Saint-Nicolas-de-Port - Meurthe-et-Moselle.

Caducée : En tant qu'attribut d'Hermès, messager des dieux, le caducée est le symbole du commerce et du transport et se présente sous l'aspect d'un bâton* entouré de deux serpents et surmonté de deux petites ailes. Mais il est également attribué à Asclépios, dieu grec de la médecine. Le bâton, entouré dans ce cas d'un seul reptile, devient ainsi le symbole de l'art médical et de la pharmacie.

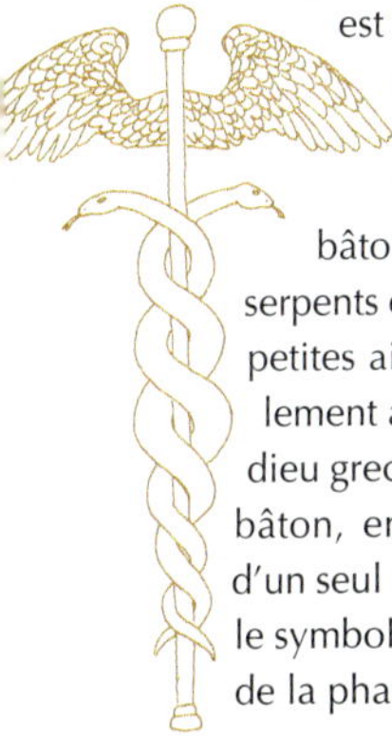

Caducée.

Calice* (Coupe)

Carré, cube : La figure du carré est un des symboles géométriques les plus classiques et les plus courants. En raison de ces quatre angles droits et de ces quatre côtés égaux, le carré représente la terre* par opposition au ciel, le matériel par opposition au spirituel et il incarne le cosmos dans la tradition chrétienne (plan du temple). Il symbolise aussi les quatre points cardinaux. Par sa forme, il est l'image de la totalité, en association avec le cercle* et le triangle*. Enfin le carré et le cube sont tous les deux des symboles de stabilité et d'équilibre.

Centaure, sagittaire : Etre fabuleux, moitié homme et moitié cheval, le centaure est une créature issue de la mythologie grecque (combat des centaures et des Lapithes). Dans les bestiaires chrétiens, c'est une figure négative en

Centaure chevauché par l'amour. Réplique romaine d'un original créé au IIe siècle av. notre ère - Musée du Louvre, Paris.

raison de son hybridité qui l'associe de ce fait au monde infernal. Figure guerrière, le centaure est ainsi fréquemment figuré armé d'un arc, à la poursuite d'un cerf* : il évoque dans ce cas la tentation de la chair et devient un symbole de la luxure (au même titre que la sirène* à laquelle il est parfois associé) pourchassant la sagesse. Sous cette forme, il est également appelé sagittaire, neuvième signe du zodiaque*. Le centaure est aussi un symbole de l'homme dévoré par ses sens, une allégorie de la bestialité humaine.

Cercle : Symbole géométrique fondamental, le cercle est la forme parfaite par excellence, ne connaissant ni début, ni fin, ni direction, ni orientation. Il est donc à la fois l'image de la perfection, de l'harmonie, du temps, de l'unité et de l'absolu. Opposé au carré*, il représente le ciel et, par conséquent, est rattaché au domaine du spirituel.

Cerf : La symbolique attachée à la figure du cerf est très vaste et complexe. Dans de nombreuses traditions païennes et folkloriques, le cerf est considéré comme un animal* psychopompe (c'est-à-dire accompagnant les âmes des morts dans l'au-delà) ; il est donc un symbole de renouveau. Dans le bestiaire médiéval, le cerf est à la fois l'image du bon chrétien – l'âme du juste qui cherche le Seigneur est associée à la figure du cerf as-

Cerf, *La Chasse de saint Hubert*, église de Cast - Finistère.

soiffé en quête d'une source (Ps 42-43) – et une image du Christ lui-même, vainqueur du Mal (le Christ en croix apparaît d'ailleurs entre les bois d'un cerf à saint Eustache et à saint Hubert). Le cerf qui s'abreuve à une source est également interprété comme une allégorie du catéchumène (non-baptisé) cherchant à s'abreuver à la source du Seigneur, celle du baptême, et a ainsi fréquemment été représentée dans les baptistères. Les bois du cerf, qui repoussent chaque année, en font un symbole de fécondité et de résurrection mais lui confèrent également un statut de médiateur entre le ciel et la terre. En outre, et ce essentiellement dans la littérature, le cerf peut également être un symbole de l'ardeur sexuelle et représenter la figure de l'aimé (héritage du mythe antique d'Actéon).

Chandelle* (Cierge)

Chevelure, cheveux : Si dans de nombreuses civilisations, la chevelure évoque la force vitale de l'homme (cas, par exemple, du héros biblique Samson), la symbolique liée à la représentation des cheveux est bien plus vaste. Elle dépend autant de leur couleur (cheveux roux, image du Mal) que de leur coiffure ou de leur longueur. Souvent, les cheveux longs et libres sont, pour les hommes, le signe de la puissance et de la liberté alors qu'à partir du Moyen Age, ils sont généralement, pour les femmes, le symbole de la luxure, du moins et ce jusqu'à aujourd'hui, la marque de leur pouvoir de séduction. Enfin, le sacrifice de la chevelure est l'indice d'un renoncement (moines, nonnes), d'une pénitence ou encore parfois d'un deuil.

Cheveux, *sainte Agnès*, église d'Écouis - Eure.

Cheveux* (Chevelure)

Chrisme* (Monogramme du Christ)

Cierge, chandelle : Le cierge allumé symbolise la lumière et le rapport entre l'esprit et la matière (mèche enflammée faisant fondre la cire). Occupant une place centrale dans la liturgie chrétienne, le cierge a pour rôle d'évoquer la lumière de la foi qui sauve des ténèbres. La symbolique de la chandelle est à rapprocher de celle du cierge mais, figurée dans un type de tableaux qu'on nomme « Vanités », elle rappelle le caractère fugace et passager de la vie sur terre.

Clef, *saint Pierre*, Saint-Pierre-aux-Liens, Rome - Italie.

Chandelle, W. Slewinski, *Nature morte aux pommes et au chandelier* - 1896-97, © Musée de Pont-Aven - Finistère.

Clef : Le symbolisme de la clef est lié à sa double fonction, celle d'ouvrir et de fermer et, pour cette raison, il est fréquemment mis en relation avec la figure bicéphale de Janus, dieu romain des passages et du seuil, et avec saint Pierre. Dans l'iconographie chrétienne, l'apôtre reçoit du Christ la double clef qui lui donne le pouvoir de « lier et de délier » les Cieux (Mt 16,19), double clef qui devient par la suite le symbole de la papauté (armoiries). Signe de possession et d'autorité, la clef est également le symbole de la transmission du pouvoir. Dans la littérature légendaire, l'évocation d'une clé est toujours la marque d'un mystère ou d'un secret à percer.

Cœur : Le cœur, en tant qu'organe vital central de l'être humain, renvoie à la notion symbolique de milieu, d'origine. Considéré à la fois comme le siège des sentiments, de la pensée,

Colombe, *L'Annonciation*, cathédrale de Versailles - Yvelines.

Colombe : Symbole de la paix en référence au rameau* d'olivier* rapporté à Noé dans l'Arche* au terme du Déluge (par opposition au corbeau), la colombe est corrélativement et du fait de sa blancheur un signe d'innocence et de pureté. Dans la tradition chrétienne, elle symbolise le Saint-Esprit (les sept dons du Saint-Esprit sont d'ailleurs représentés par sept colombes) et évoque parfois le Souffle divin, dans les scènes figurant l'Annonciation par exemple.

Coq : Dès l'Antiquité, le coq est considéré comme un symbole solaire en raison de son chant matinal annonçant le lever du soleil*. Son cri en fait également tant pour les chrétiens (car il chasse les ténèbres), que pour les Francs-maçons un symbole de vigilance. Il est aussi un symbole de courage, à cause de la pugnacité qu'on reconnaît au volatile dans les combats, et un symbole d'ardeur sexuelle qui a

Coq, *portail nord de la cathédrale de Metz* - Moselle.

de l'intelligence et de la sagesse, il devient à partir de la fin du Moyen Age et de l'époque moderne, le symbole de l'amour (profane et sacré, terrestre et céleste), de l'amitié et de la droiture.

notamment donné lieu à l'invention d'expressions telles qu' « être le coq du village » ou encore « faire le coq ». Surtout depuis la Révolution, le coq gaulois est devenu le symbole national de la France, remplaçant les animaux royal et impérial que sont le lion* et l'aigle*. Le coq hardi (la patte droite levée) est en revanche, depuis le début du XXe siècle, le symbole de la Wallonie (Belgique francophone).

Coquille, *Reliquaire de saint Jacques* - Cathédrale de Limoges - Haute-Vienne.

Coquille, coquillage : Associée à Aphrodite-Vénus pendant l'Antiquité (une des traditions concernant la naissance de la déesse veut qu'elle se soit échouée portée par une conque sur les rivages de Chypre), la coquille est un symbole de l'amour. Elle renvoie également à la symbolique de la perle*. Au cours du Moyen Age, elle devient l'emblème du pèlerinage à Saint-Jacques de Compostelle et est considérée, peu à peu, comme l'attribut classique du pèlerin. Par dérivation, le coquillage est un symbole de sensualité mais aussi de fécondité évoquant, par sa forme, le sexe féminin.

Cor, corne* (Trompette)

Couleurs : Dans de nombreuses cultures et religions, le langage des couleurs est un des champs symboliques les plus riches et vastes. Un des principes de base de ce langage s'appuie sur une division des couleurs entre tons chauds et tons froids. Chaque domaine de la pensée (psychologie, cosmologie, religion, géographie, etc.) se sert des couleurs pour exprimer des idées. Prenons quelques exemples : le blanc est un symbole de la lumière, de la pureté, de la perfection

Couleurs, *Vierge des marins*, église paroissiale de Hoedic - Morbihan.

et de la vie ; le bleu désigne le ciel et l'eau* et représente le divin (manteau de la Vierge Marie par exemple) et la vérité ; le rouge évoque le sang*, le feu* et est donc synonyme de guerre mais aussi d'amour ; le noir symbolise l'obscurité et la mort ; enfin le vert est aussi une image de l'eau, un signe du renouveau et donc de l'espoir, de l'immortalité.

Coupe, calice, Graal : La symbolique de la coupe est ambivalente. L'objet est à la fois le symbole d'un destin favorable – synonyme également de plaisir, de communion, de victoire (coupe du champion) – et le symbole d'un destin

Coupe, *Melchisédech et Abraham*, cathédrale de Reims - Marne.

Crâne et croix, *sainte Marie l'Égyptienne*, église Santa Casa da Misericordia, Évora - Portugal.

funeste – synonyme de châtiment – à rapprocher de l'expression « boire la coupe ». Pour les chrétiens, la coupe, alors appelée calice, est en lien avec le symbolisme eucharistique puisqu'elle contient, lors du sacrement, le vin, évocation du sang* du Christ, principe de vie. Cette image de la coupe recèlant le sang de Jésus donne naissance au cours du Moyen Age à plusieurs légendes racontant la quête initiatique qui doit conduire au Graal, également nommé le Saint Calice, symbole d'immortalité.

Couronne : Attribut des rois ou des dieux, la couronne est le symbole de la souveraineté, tant terrestre que divine, de la puissance, de l'autorité, du pouvoir et de la dignité. Sa forme circulaire renvoie directement à l'idée de perfection en lien avec le symbolisme du cercle*. Depuis l'Antiquité, la couronne tressée (souvent de laurier* ou d'olivier*) est le signe de la victoire, symbolisme repris par le christianisme où elle devient le signe du salut et donc l'attribut des martyrs. Quant à la couronne de gloire, sa signification est à rapprocher de celle de l'auréole* et du nimbe*.

Crâne : Symbole de la mort, le crâne est dans l'iconographie occidentale un rappel direct du caractère éphémère de la vie humaine, de la mortalité de l'homme. La tête pouvant être considérée comme le siège de l'intelligence, il est occasionnellement le signe de l'esprit.

Couronnes, Lambris peint de la chapelle Saint-Gonéry, *Les rois mages*, Plougrescant - Côtes-d'Armor.

Croix

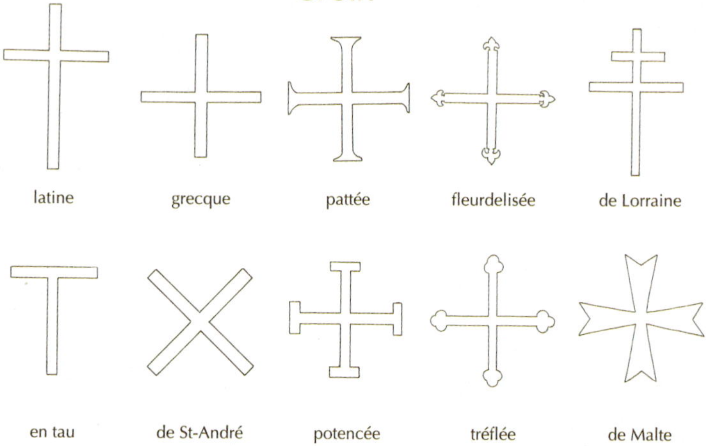

Croix : Signe dont les origines sont lointaines, la croix est un des symboles les plus fréquemment représentés. Entretenant des liens privilégiés avec la figure géométrique du carré* (aussi avec le cercle*), elle évoque les quatre points cardinaux et est l'image du carrefour, de l'intersection. Dessinée sous des formes variées (croix latine, grecque, pattée, fleurdelisée, à double ou triple traverse ; chacune pouvant avoir un sens particulier), la croix est aussi l'un des principaux symboles religieux chrétiens. Elle est l'incarnation du sacrifice du Christ et de son Triomphe sur la mort, de sa Passion et de sa Résurrection. Elle devient ainsi le symbole même du Christ, de l'Eglise et du christianisme.

Crosse* (Bâton)

Cube* (Carré)

Croix, *Le Christ*, église Santa Maria - Monastère des Hiéronymites, Lisbonne - Portugal.

Démon, Diable : Intermédiaire entre les dieux et les hommes, le démon est à l'origine la marque du génie intérieur humain, avant d'être associé dans le christianisme au Diable et de devenir un symbole du Mal. Figuré sous la forme d'un être à l'aspect monstrueux (corps velu, cornes, petites

Démon, *saint Michel terrassant le dragon,* église de Guimiliau - Finistère.

ailes, pieds fourchus, queue) ou d'un animal (serpent*, dragon*), le Démon-Diable, en tant que prince des Ténèbres et de l'Enfer, est l'incarnation même du Mal, de la force démoniaque.

Diable* (Démon)

Doré* (Or)

Dragon : Animal fabuleux parcourant l'ensemble des mythes, le dragon est un être hybride à l'aspect monstrueux, couramment figuré sous la forme d'un serpent* ailé, parfois à plusieurs têtes, crachant du feu. Il est à l'origine une image du chaos du règne animal qui doit être maîtrisé et vaincu par la force. Devenu symbole du Diable* dans l'art chrétien, il est celui que le Christ ou la Vierge foulent aux pieds, que l'archange Michel précipite dans les flammes de l'enfer, que les saints (Georges, Marguerite, etc.) affrontent pour faire triompher la Foi sur le Mal. Gardien des trésors cachés et des princesses enlevées dans les légendes, l'animal fantastique incarne l'obstacle à franchir pour atteindre le but fixé.

Dragon, *sainte Marguerite,* église d'Écouis, Eure.

Dragon, *sainte Marguerite terrassant le dragon*, église de Lampaul-Guimilau - Finistère.

Eau* (Eléments)

Echelle : La symbolique de l'échelle se construit autour des rapports et des échanges que celle-ci matérialise entre le ciel et la terre. Image de l'élévation et de la progression, l'échelle peut suggérer, par la succession de ses degrés, l'initiation spirituelle. La tradition chrétienne considère avant tout l'échelle comme le signe du dialogue instauré entre Dieu et les hommes (Songe de Jacob) mais aussi comme le symbole du voyage que l'homme doit entreprendre pour atteindre le Royaume céleste (ascension spirituelle de l'âme). Les barreaux de l'échelle sont ainsi interprétés comme les différents degrés des vertus que le chrétien se doit de cultiver.

Eléments, air, eau, feu, terre : Dans la plupart des cosmogonies, les éléments qui structurent l'univers sont au nombre de quatre : l'air, l'eau, le feu et la terre. A chacun de ces principes correspondent des caractéristiques et un symbolisme particulier : l'air (intermédiaire entre le ciel et la terre, symbole du souffle créateur, de l'esprit) et le feu (élément purificateur et régénérateur mais aussi symbole de la destruction, de la guerre,

Élément (Air), *Neptune*, Musée de Pau - Pyrénées-Atlantiques.

de la colère divine) sont reconnus comme principes actifs et masculins à l'opposé des principes passifs et féminins que sont l'eau (image de la vie, de la purification et de la régénération, de la fertilité) et la terre (figure de la matrice qui donne et reprend la vie, symbole de fécondité).

Épée, *saint Michel*,
église Notre-Dame de Versailles - Yvelines.

Epée, glaive : Symbole de bravoure et de puissance (destructrice ou constructive), l'épée est aussi un symbole guerrier tout autant que de paix. L'objet est également un emblème royal : les rois de France portaient, lors des cérémonies de sacre, l'épée Joyeuse que la légende disait héritée de Charlemagne. On fait aussi référence aux épées hautement célèbres des chevaliers Roland et Arthur, respectivement Durandal et Excalibur, symbolisant la puissance mise au service des valeurs chrétiennes. Le glaive est plus spécifiquement un symbole de la justice divine et du pouvoir judiciaire ; c'est pourquoi, associé à la balance*, il désigne la figure allégorique de la Justice.

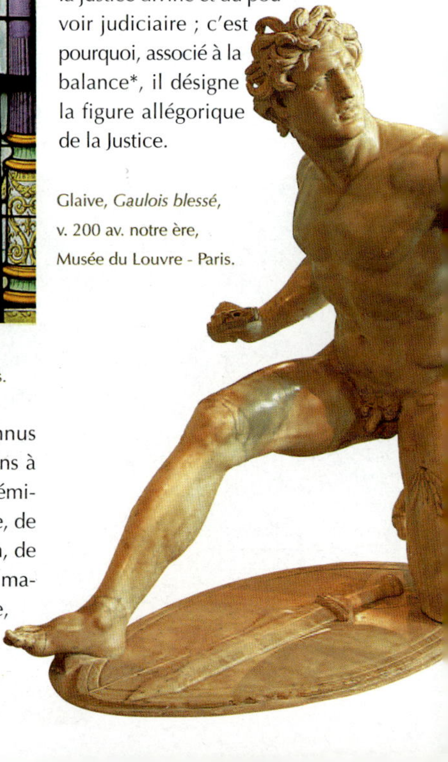

Glaive, *Gaulois blessé*,
v. 200 av. notre ère,
Musée du Louvre - Paris.

Étoile, *Voûtes de la Sainte-Chapelle* - Paris.

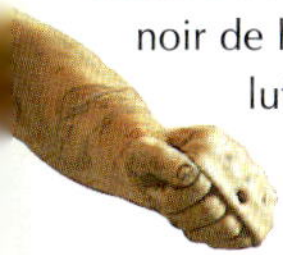

Étoile : L'étoile, qui brille dans le ciel noir de la nuit, est le symbole de la lutte entre la lumière et les ténèbres, l'image de la lumière spirituelle chassant l'obscurité, allant jusqu'à évoquer l'esprit. Le symbolisme de l'étoile varie également en fonction du nombre de ses branches. L'étoile à cinq branches (ou pentagramme) est généralement aujourd'hui considérée comme un symbole du satanisme ou de la magie noire si elle est représentée la pointe regardant vers le bas (pentagramme inversé) ; dans le cas contraire (pentagramme droit), la forme géométrique peut à la fois symboliser l'harmonie et la perfection (chez les Pythagoriciens) ou les cinq éléments* (terre, eau, air, feu et éther), symbolique reprise chez les Francs-maçons dans le rite de l'« Etoile flamboyante ». L'étoile à six branches, aussi appelée « Etoile de David » (*Maguen David* en hébreu, c'est-à-dire « bouclier de David »), est le symbole de la foi israélite : composée de deux triangles – l'un tourné vers le haut, l'autre vers le bas –, elle représente l'alliance entre l'infini et le fini, entre l'invisible et le visible. Par ailleurs, de nombreuses cultures considèrent les étoiles comme le signe de l'admission dans les cieux de leurs morts.

Faisceau.

Faisceau : Le faisceau (assemblage d'éléments longilignes retenus ensemble) est un symbole politique qui fait référence à l'attribut des licteurs, officiers publics escortant les magistrats pendant la Rome antique : celui-ci se présente sous la forme d'un ensemble de verges qui entourent le manche d'une hache et sont liées entre elles par des lanières de cuir croisées de couleur rouge. Il s'agit d'un emblème de l'autorité des magistrats de la République romaine, la hache faisant référence au pouvoir militaire du consul et du préteur (magistratures les plus importantes). Repris pendant la Révolution française, le symbole est doté alors d'un bonnet phrygien (symbole de liberté) qui vient coiffer la hache. Il symbolise la République naissante, par référence à la République romaine. Il apparaît plus tard sur le sceau de la République française, parfois représenté entre les mains* de la figure symbolique nationale Marianne. Le faisceau est également un symbole qui a été utilisé lors du fascisme.

Faux, faucille : La faux est un outil agricole qui symbolise à la fois le temps et par conséquent la mort à l'allégorie de laquelle elle est souvent associée. Plus spécifiquement, la faucille renvoie à la classe paysanne. Elle est d'ailleurs figurée sur le drapeau soviétique à côté du marteau, image en revanche du prolétariat ouvrier : les deux outils réunis symbolisent ainsi le communisme et signifient l'union entre les travailleurs agricoles et industriels.

Faucille, *saint Isidore*, chapelle Saint-Colombier à Saint-Nolff - Finistère.

Flèche, *«Artémise à la biche» dite «la Diane de Versailles»*, Rome, Ier-IIe siècle ap. J.-C. , Musée du Louvre - Paris.

Feu* (Eléments)

Flèche : Comme arme (associée à l'arc), la flèche est un symbole de la guerre, du danger, de la force, mais aussi de la mort foudroyante. Mise en rapport avec les rayons du soleil*, elle devient un symbole de la lumière et donc de la connaissance. La vitesse qui caractérise le tir d'une flèche en fait également un signe de rapidité. Souvent liée à l'image du centaure* archer ou à la figure de Cupidon, la flèche montre ici son caractère phallique. Aujourd'hui, elle peut tout simplement indiquer une direction.

Fleuve : La symbolique du fleuve est en lien étroit avec celle de l'eau* s'appuyant sur des idées de fertilité et de régénération. Le fleuve dont la course est fluctuante et ne s'arrête jamais, est aussi le symbole de la vie humaine qui s'écoule.

Flûte : La musique étant considérée, depuis l'Antiquité, comme le reflet de l'harmonie des nombres* et du cosmos, le son de la flûte incarne la voix des puissances supérieures. Dans le christianisme, il est la voix des anges. Plus spécifiquement, la flûte de roseau symbolise l'exhortation de l'âme séparée de Dieu qui cherche à rejoindre les sphères célestes.

Flûte, *Satyre jouant de la flûte*, Musée du Louvre - Paris.

Fontaine : La fontaine, en tant que source d'eau*, élément au symbolisme duquel elle fait écho, est l'image de la source de vie, de la purification et du renouvellement. Dans l'art chrétien, elle est la « fontaine de vie » d'où s'écoulent les fleuves* du Paradis. Devenu « fontaine de jouvence », elle est le symbole du perpétuel rajeunissement et de la longévité pour celui qui s'y abreuve.

Foudre : La grande majorité des civilisations anciennes font de la foudre, le signe d'une force surnaturelle, le symbole ou la manifestation de la puissance divine au pouvoir créateur ou destructeur. Privilège du dieu du ciel (attribut de Baal dans les religions antiques proche-orientales, de Zeus-Jupiter dans la religion gréco-romaine, d'Indra en Inde), la foudre est l'indice, dans la pensée chrétienne, de la présence immédiate de Dieu ou de la colère et de la punition divines. C'est le cas, par exemple, lors de la destruction des villes pécheresses de Sodome et Gomorrhe dans l'Ancien Testament (Gn 19, 24).

Joseph-Marie Vien, *Suzanne et les vieillards,* © M.b.a. de Nantes, Loire-Atlantique.

Gloire, *Tympan de Sainte-Foy de Conques*, Aveyron.

Glaive* (Epée)

Globe : En lien avec la symbolique du cercle* et de la sphère, le globe représente à la fois le monde, la Terre*, la voûte céleste et l'univers en son entier. Il est le symbole de la puissance (par exemple dans les mains d'un souverain où il exprime son pouvoir universel), l'expression d'une totalité.

Gloire* (Mandorle)

Graal* (Coupe)

Griffon : Animal fabuleux à corps de lion*, tête, serres et ailes d'aigle*, le griffon est dans l'Antiquité l'image du gardien. Au Moyen Age, la tradition chrétienne donne au griffon une double signification : régnant à la fois sur le ciel (oiseau) et la terre (quadrupède), il est un symbole de la double nature (humaine et divine) du Christ mais sa monstruosité en fait plus fréquemment une figure du démon*. S'appuyant sur les doubles qualités de l'aigle* et du lion*, l'héraldique utilise le griffon comme symbole de la clairvoyance et du courage.

Griffon, Bibliothèque du château de Malmaison, Rueil-Malmaison - Hauts-de-Seine.

Harpe : Objet musical et donc reflet de la plénitude de l'ordre cosmique, la lyre est tout d'abord le symbole de la musique et de la poésie, attribut du dieu grec Apollon. Elle est l'image de l'harmonie divine unissant par sa mélodie le ciel et la terre. Dans l'art chrétien, la lyre ou la harpe sont utilisées pour chanter les louanges et la gloire de Dieu.

Harpe, *Le roi David accordant sa harpe*, Portail de la salle capitulaire du prieuré Notre-Dame de la Daurade (1165-1175), Musée des Augustins à Toulouse - Haute-Garonne.

Lyre, *Statuette « à la lyre » de Paule* - Côtes d'Armor.
© Hervé Paitier S.R.A. Bretagne.

Jardin, *Adam et Ève dans le Jardin d'Eden, « La Création du monde »*, mosaïque de la coupole du vestibule de la basilique Saint-Marc, Venise - Italie.

Jardin : Le jardin est le symbole du paradis terrestre, du paradis céleste et du cosmos dont il est le centre, la synthèse parfaite. L'iconographie chrétienne choisit de représenter le Jardin d'Eden pour symboliser l'état originel de l'homme qui n'a pas encore commis le péché. Parallèlement, l'image chrétienne du jardin clos (*hortus conclusus*) est en général un symbole de la virginité et renvoie à Marie (Immaculée Conception).

Jour : Au contraire de la nuit*, le jour symbolise la lumière, le rationnel, le conscient et la permanence. Les quatre parties du jour sont souvent mises en relation avec les quatre saisons de l'année : le matin est associé au printemps, le midi à l'été, le coucher du soleil est comparé à l'automne et la nuit à l'hiver.

Labyrinthe.

Labyrinthe : Le labyrinthe désigne à l'origine le palais aux multiples salles et couloirs construit par Dédale, à Cnossos en Crète, pour le roi Minos, où était enfermé le Minotaure. Dans l'iconographie, il matérialise le parcours intérieur, semé d'embûches et d'épreuves, que l'homme doit poursuivre pour atteindre son centre spirituel, pour toucher à la plénitude (chemin initiatique). Plus particulièrement, la pensée chrétienne en fait une image de la vie humaine, ce voyage difficile que le chrétien doit accomplir depuis l'entrée du labyrinthe (naissance) jusqu'à son centre (Jérusalem céleste), symbole du salut.

Lampe, lanterne : En relation avec l'élément feu*, la lampe est un symbole de lumière, de l'esprit et, dans le christianisme, le signe de la présence de Dieu (symbolique à rapprocher de celle du cierge*). Elle éclaire le fidèle et a pour rôle de le conduire vers la vie contemplative. L'objet, surtout quand il s'agit d'une lampe à huile en argile, est également quelquefois une image directe de l'homme. Chez de nombreux peuples, l'action d'allumer ou d'éteindre une lampe est liée aux idées de naissance et de mort de l'être humain. Enfin, même si généralement la lanterne est un synonyme de la lampe, elle peut spécifiquement être le signe de l'immortalité de l'âme humaine au-delà de la mort (lanterne des morts).

Lampe, *Les Vierges sages,*
cathédrale de Strasbourg - Bas-Rhin.

Laurier, *Apollon*, château de Malmaison - Hauts-de-Seine.

Laurier : Dédié à Apollon dans la Grèce antique, le laurier est un symbole de l'immortalité acquise par la victoire. Représentée le plus souvent tressée sous la forme d'une couronne*, la plante symbolise donc de manière classique le succès ou la victoire qu'elle soit militaire, sportive, intellectuelle, ou artistique et est à l'origine du nom commun « lauréat ».

Licorne : Animal fabuleux au corps de cheval (souvent blanc), à tête de cerf* et aux pieds d'éléphant, la licorne se singularise par la corne unique qui orne le milieu de son front. Symbole de pureté et de force, elle est également le signe de la virginité. En effet, les légendes racontent que seule l'aide d'une vierge permettait de capturer l'animal. Le christianisme reprend cette symbolique et fait de la licorne une image de la Vierge Marie ou encore du Christ incarné dans le sein de celle-ci.

Lion : Animal* réputé puissant et courageux, le lion est avant tout un symbole de force, de droiture et de bravoure. Considéré comme le roi des animaux dès l'Antiquité en Orient puis,

Lion, *Lion ailé de Venise dominant l'Arsenal*, Venise - Italie.

au cours du Moyen Age, en Occident où il se substitue à l'ours (du moins dans les régions nordiques), il est ainsi, par sa position dans la hiérarchie animale, un symbole de puissance, de pouvoir et également de justice (l'iconographie royale associe d'ailleurs à l'image du roi rendant la justice celle du lion). Sa figure est aussi très fréquemment utilisée dans l'héraldique car présent sur les armoiries, le fauve souligne le courage et la noblesse de celui qui les porte. Dans les bestiaires chrétiens, le lion occupe une place primordiale : il y est un animal* essentiellement positif grâce à ses vertus qui en font un symbole de vigilance (il dort les yeux ouverts) et de sagesse (il efface les traces de ses pas avec sa queue tandis qu'il avance). On y lit également que les lionceaux naissent morts mais que leur père, au bout de trois jours, les ranime en leur soufflant dessus, histoire qui fait écho à la Résurrection du Christ trois jours après sa mort. Pour l'ensemble de ces raisons et par sa qualité royale, l'animal est associé au roi des cieux, le Christ. Ailé, il est le symbole de l'évangéliste Marc dans le Tétramorphe*. Le lion est également le cinquième signe du zodiaque*.

Lis (lys) : Associé à la couleur blanche, le lis est un symbole ancien de la lumière et en cela, il est aussi un symbole de pureté, d'innocence et de virginité. Dans l'art chrétien, il est par conséquent simultanément la fleur emblématique du Christ et de la Vierge (très fréquent dans les scènes de l'Annonciation, attribut de l'archange Gabriel). Enfin, le lis est un signe de souveraineté, symbole royal largement utilisé par exemple dans l'héraldique (fleur de lis).

Lys, *Vitrail de l'annonciation,* cathédrale de Bourges - Cher.

Livre, *saint Germain l'Auxerrois*, église Saint-Germain-l'Auxerrois - Paris.

Livre : Symbole de la connaissance, de l'érudition, de la science et de la sagesse, le livre représente aussi l'univers puisqu'il contient la totalité des savoirs. Objet central dans le monde chrétien en tant que réceptacle des paroles de Dieu (il est l'attribut des apôtres, des Evangélistes, des Pères de l'Eglise, de certains saints et parfois des prophètes), il symbolise, représenté fermé dans les mains du Christ, l'enseignement de celui-ci tandis qu'ouvert, il annonce le Jugement dernier.

Lune : Symboliquement, la lune est un des astres les plus importants avec le soleil* même si leurs significations sont opposées. Recevant sa lumière de ce dernier, elle correspond à l'idée de dépendance et au principe féminin. Les croyances populaires lui attribuent une influence sur les cycles terrestres en raison de l'évolution constante de sa forme et en font ainsi un signe de la fécondité, de la périodicité et de la transformation. Satellite nocturne, la lune symbolise aussi l'inconscient et le rêve.

Lyre* (harpe)

Lys* (Lis)

Lune, Goldfried Schalken, *Sainte Madeleine en prière*, © Musée des Beaux-Arts de Brest métropole océane - Finistère.

Main, *La Création d'Eve*, église de Saint-Thégonnec - Finistère.

Main : Le motif de la main est avant tout un symbole de puissance, d'activité, de pouvoir et de domination. Signe lié au domaine royal, la main est également utilisée dans l'iconographie chrétienne pour figurer Dieu le Père et signifier sa Toute-Puissance et son action divine sur la terre : elle apparaît sous la forme d'une main qui jaillit du ciel et est, le plus souvent, représentée entourée d'un halo de lumière. La symbolique de la main varie aussi en fonction du signe qu'elle représente : les mains jointes sont un signe de prière tandis que les mains voilées, un signe d'humilité et de respect. De plus, une distinction significative s'opère entre la main gauche et la main droite : cette dernière est, par exemple, réservée dans le christianisme au geste de la bénédiction.

Mandorle* (Auréole)

Mer, océan : En liaison étroite avec la symbolique de l'eau*, la mer (ou l'océan) est une image de la dynamique de la vie humaine, symbole conjoint de la vie et de la mort. Elle incarne la matrice qui préside à la naissance ou à la renaissance et qui, en même temps, peut ravir l'existence. C'est donc aussi une représentation de l'inconscient. Etendue dont les limites semblent incommensurables, la mer est une image de l'infini.

Miroir : Grâce à sa nature réfléchissante, le miroir est un symbole de la connaissance (notamment de soi), de la sagesse, de la vérité et de la prudence. A partir du Moyen Age, l'objet acquiert une double signification et devient synonyme de vanité et de luxure (miroirs des sirènes*, mythe de Narcisse). Le christianisme utilise la propriété du miroir pour en faire une image de la Vierge Marie, mère du Christ qui est le reflet de Dieu.

Mois : Dans l'iconographie chrétienne, les douze mois de l'année figurés majoritairement sous la forme d'occupations agricoles (taille de la vigne, moisson, battage du blé, vendange, tuerie du cochon, etc.) représente le temps cyclique annuel et symbolise, par conséquent, l'idée générale du temps terrestre qui s'oppose ou se coordonne au temps céleste matérialisé à travers les douze signes du zodiaque*. Cette symbolique du temps terrestre est aussi à associer, derrière la représentation du labeur agricole, à la nécessité du travail de l'humanité pour le rachat du péché originel.

Monogramme du Christ, Chrisme : Le monogramme du Christ, encore appelé Chrisme, est composé de la superposition des deux premières lettres grecques de son nom, le khi (χ) et le rhô (ρ). Symbole du christianisme depuis l'époque

Mer, océan, *Tympan de Moissac* - Tarn-et-Garonne.

Monogramme du Christ.

paléochrétienne, il est souvent figuré dans un médaillon ou entouré de la couronne* de la victoire et bordé de l'alpha et de l'oméga*. On peut y voir aussi un symbole de la protection du Christ.

Monstre : Le monstre se caractérise en général par un être hybride (croisement d'animaux ou mi-homme, mi-animal) à l'aspect hideux. Symbole du gardien, il incarne la créature à vaincre soit pour accéder à un lieu sacré, soit, comme il est d'usage dans les contes et les légendes, pour découvrir un trésor caché ou délivrer une princesse tenue prisonnière. Il est un témoin du passage, du chemin vers l'initiation. Dans la pensée chrétienne, le monstre est une figure démoniaque en lien avec le Diable* (voir également dragon*, griffon*) ; il est un symbole du Mal, du péché et du chaos.

Montagne : A cause de sa forme, la montagne présente une symbolique multiple et complexe. Dans toutes les civilisations, elle évoque la proximité du monde divin (pendant l'Antiquité, elle est d'ailleurs le lieu où séjourne les dieux). Point de rencontre entre le ciel et la terre, la montagne est un symbole cosmique : elle est considérée à la fois comme axe et centre du monde. Par son aspect immuable, elle est aussi un symbole de stabilité. Ses pentes à gravir sont synonymes, dans de nombreuses religions, d'ascension spirituelle, sous-tendue par l'idée d'élévation et donc de progression vers la connaissance.

Monstre, *mosaïque de la basilique Saint-Marc,* Venise - Italie.

Nombres : La symbolique des nombres est extrêmement riche et complexe et varie d'une culture, d'une religion ou encore d'une époque à une autre. La brièveté de ce mémento exclut de s'attarder sur chaque nombre et sur l'ensemble de leurs significations, mais examinons quelques exemples : le Un est à la fois le principe de toute chose, le symbole de l'être, de l'individualité ou de Dieu le Père ; dans le christianisme, le Trois symbolise la Trinité ; en rapport avec le carré* et le cercle*, le Quatre est le signe de la totalité ; le Sept est dans la religion égyptienne le symbole de la vie éternelle ; enfin le Neuf est le nombre de la perfection ; etc. Depuis l'Antiquité, les nombres sont en effet considérés comme les symboles de l'harmonie cosmique et humaine.

Nimbe* (Auréole)

Nudité : La représentation de la nudité se caractérise par une double signification. Dans son sens hérité de l'Antiquité gréco-romaine et repris à la Renaissance, la nudité est symbole de pureté physique et morale et de vérité (quand elle n'est pas voilée) mais, emprunte de tradition chrétienne, elle devient l'image de la séduction, de la sensualité, de la volupté et donc de la sexualité. Elle rappelle ainsi le péché originel d'Adam et Eve. Le christianisme en fait aussi un symbole de pauvreté matérielle ou spirituelle.

Nudité, Louis Leray, *La Tentation de saint Antoine*, © M.b.a. de Lons-le-Saunier, Jura.

Nuit : Par opposition au jour*, la nuit est le symbole des ténèbres, de l'irrationnel et de l'inconscient. Motif ambivalent, elle est à la fois le signe de la mort et l'image du sein maternel protecteur.

Océan* (Mer)

Œil : Organe de la vue, l'œil est un symbole de la lumière et de l'esprit, en lien avec le soleil*. Il évoque encore la connaissance et la perception spirituelle. Représenté sous la forme d'un œil unique sans paupière (au centre du soleil), il symbolise la connaissance divine, la sagesse et en particulier l'omniprésence de Dieu pour les chrétiens. Au centre d'un triangle, il est l'image de Dieu dans la Trinité, symbole également franc-maçon.

Olifant, *Détail du pilier des Anges, cathédrale de Strasbourg* - Bas-Rhin.

Olifant* (Trompette)

Olivier : Arbre aux origines anciennes, l'olivier, qui était consacré à Athéna dans la Grèce antique, possède plusieurs significations. Symbole de paix,

Olivier, *Le jardin des Oliviers*, Abbatiale de Saint-Michel de Cuxa, Codalet - Pyrénées-orientales.

Or, *L'Arche d'Alliance,* mosaïque de l'abside de Germigny-des-Prés - Loiret.

il est dans la Bible le signe de la réconciliation avec Dieu à la fin du Déluge à travers le rameau* d'olivier rapporté par la colombe* à Noé. Parallèlement, il symbolise la victoire (on posait sur la tête des vainqueurs des couronnes* d'olivier), la fertilité (par sa résistance), la force (en lien avec sa longévité) et la purification (grâce à son huile).

Or, doré : Considéré comme le plus précieux des métaux, l'or est associé, à cause de sa couleur jaune et de sa brillance, au soleil*, au feu* et à la masculinité. Ses qualités intrinsèques (il est ductile, inaltérable et inoxydable) en font un symbole de la permanence et de l'éternité. Par analogie, les fonds dorés des mosaïques, miniatures et peintures de chevalet de l'art chrétien, ont pour but d'affirmer le caractère intemporel des scènes bibliques ou non représentées. Signe de lumière, l'or représente également la connaissance. Dans la tradition chrétienne, il symbolise l'amour divin. Marque de richesse, il peut aussi prendre un sens négatif et devenir l'image morale de l'avarice.

Pain : Le pain est à la fois symbole de nourriture vitale (base de l'alimentation dans la plupart des cultures) et symbole de nourriture spirituelle. Elément essentiel et sacré du repas eucharistique (il est un des motifs iconographiques indispensables dans les représentations de l'épisode biblique de la Cène), il fait référence à la vie active par opposition à la vie contemplative représentée par le vin* et il symbolise le Pain de Vie, c'est-à-dire le corps du Christ.

Palme : Dès l'Antiquité, la palme (branche de palmier), comme le rameau*, est considérée comme un symbole de victoire. D'ailleurs encore aujourd'hui, le terme est utilisé pour désigner, dans le domaine cinématographique, la plus haute récompense du Festival de Cannes – la Palme d'or, et, dans le domaine de l'éducation en France, la décoration honorant les enseignants – les palmes académiques. Pour les chrétiens, la palme est un symbole de victoire sur la mort, raison pour

Pain, *La Cène*, Clôture nord du chœur, Notre-Dame de Paris.

laquelle dans l'iconographie elle est l'attribut des martyrs. Elle est aussi un symbole de résurrection et d'éternité en ce qu'elle fait référence à la palme portée par le Christ, le jour* des Rameaux, alors qu'il entre à Jérusalem et que débute le cycle de la Passion.

Paon : Originaire d'Inde, le paon y acquiert sa symbolique solaire en raison de la roue formée par le déploiement des plumes de sa queue. Croyant en l'imputrescibilité de la chair de l'animal, les premiers siècles du christianisme choisissent le paon comme signe d'immortalité et symbole de résurrection, son ramage tombant et repoussant de manière encore plus éclatante à chaque printemps. La queue du paon, qu'on imagine parsemée d'yeux, est une évocation du firmament et de la béatitude éternelle. En revanche, dans les bestiaires médiévaux, le paon, qui pavane pour exhiber sa beauté lors de sa parade, devient une image de la vanité, de l'orgueil et de la stupidité.

Palme, *Petite statue de sainte Foy,*
Trésors de Conques - Aveyron.
P. Poitou / L. Kruszyk © Inventaire Général.

Perle : L'éclat de la perle et son aspect sphérique font de la pierre un signe lunaire et féminin, mais surtout un symbole de la pureté, de la préciosité et de la perfection. Dans l'Antiquité grecque, la perle, associée à la figure d'Aphrodite connue pour sa beauté, représente les notions d'amour et de mariage. La symbolique chrétienne lui accorde par ailleurs plusieurs sens : la perle étant une pierre rare qu'on trouve cachée à l'intérieur d'un coquillage*, elle y voit une image de la lumière divine qui éclaire les ténèbres et en fait un symbole de l'enseignement du Christ.

Poisson : La symbolique du poisson est en lien direct avec celle de l'élément eau*. Par conséquent, l'animal aqua-

Poisson, *saint Corentin*, Église de Beuzec-Cap-Sizun - Finistère. © Royer/Bigot.

tique est un symbole de pureté, de vie, de fécondité (par sa capacité étonnante de reproduction), de prospérité mais aussi de sagesse. L'époque paléochrétienne choisit d'employer la figure du poisson comme image du Christ : le mot grec Ichtus désignant l'animal est en effet l'acrostiche de l'expression également grecque *Iesus Khristos Theou Yios Soster* (« Jésus Christ, Fils de Dieu, Sauveur »). Par la suite, mis en rapport plus étroitement avec l'eau, il est davantage un symbole du baptême. Accompagné du pain* et du vin* dans les scènes de repas, il peut encore être un signe de l'Eucharistie. Enfin, les poissons sont le douzième et dernier signe du zodiaque*.

Pomme : La pomme est le symbole par excellence de la tentation et du péché originel. Fruit de l'Arbre* paradisiaque de la Connaissance du Bien et du Mal, il évoque la chute de l'Homme. Dans les mains* de l'Enfant Jésus, la pomme est une allusion à l'œuvre rédemptrice qu'il se prépare à accomplir, notamment à son sacrifice futur pour le rachat de l'humanité. Dans les mains du Christ adulte, elle peut signifier le pardon du péché originel. Hors du contexte chrétien, la pomme symbolise l'amour surtout quand sa peau est rouge. Les pommes du Jardin des Hespérides sont quant à elles un signe d'immortalité. Symbole cosmique en raison de sa forme sphérique, le fruit apparaît également dans l'iconographie royale et impériale, à côté du sceptre* et figure un globe* dont le dessein est de représenter le monde.

Pomme, *Détail du jubé de la chapelle Saint-Fiacre du Faouët* - Morbihan.

Porte : Le symbolisme de la porte est en lien avec la dynamique que l'objet sous-entend, une action possible d'entrée et de sortie. La porte est donc le signe du passage d'un espace à un autre, d'un état à un autre, par exemple du connu vers l'inconnu, de l'initiation à la connaissance, de l'ici-bas vers l'au-delà, de la lumière vers les ténèbres. La porte fermée sera au contraire l'image de l'interdit, du secret gardé et non dévoilé. Dans la symbolique biblique, les portes du ciel indiquent l'entrée du Paradis tandis que les portes du Temple sont la frontière entre le monde profane et le monde sacré. Ces dernières matérialisent l'accès à la révélation divine.

Porte, détail du tympan de l'abbatiale de Conques, *les portes du Paradis et de l'Enfer*, Aveyron.

Quenouille : Bâton muni à son extrémité de laine, de lin ou de chanvre, destinés à être filés, la quenouille est un objet lié à la sphère féminine (d'où l'expression « tomber en quenouille » qui se disait d'un homme sous la domination d'une femme, ou d'une succession tombant entre les mains d'une femme). Elle symbolise donc généralement le travail féminin.

Roses, Martin Schongauer, *la Vierge au Buisson de roses* (1473), église des Dominicains à Colmar - Haut-Rhin. Avec l'autorisation du conseil de fabrique de la paroisse Saint-Martin.

Rameau : Le rameau verdoyant symbolise la victoire, la gloire, l'honneur et l'immortalité (comme le rameau d'or pour ce dernier sens). La pensée chrétienne reprend cette symbolique : ainsi Jésus entre en triomphateur dans Jérusalem, acclamé par la foule qui agite et lui lance des rameaux. Associé à l'olivier*, le rameau évoque la paix et le pardon (colombe* de l'Arche* de Noé).

Rocher : A cause de sa dureté et de sa résistance, le rocher est un symbole de l'immuabilité, de la permanence et de la solidité. Il est ainsi parfois choisi pour représenter le Principe divin. Dans la Bible, le rocher est synonyme de force et de fidélité. Il symbolise notamment la constance de la protection de Dieu qui se manifeste par exemple dans l'épisode du Frappement du rocher d'où Moïse fait jaillir l'eau pour abreuver la soif du peuple hébreu. La tradition chrétienne fait également de l'apôtre Pierre l'image du rocher sur lequel est bâtie l'Eglise.

Rose : Fameuse pour sa beauté, son élégance et la délicatesse de son parfum, la rose occupe une place centrale dans la symbolique des fleurs. Depuis l'Antiquité, elle est avant tout le signe de l'amour (fleur d'Aphrodite) et parfois celui de la renaissance (mort vaincue par l'amour). La rose blanche renvoie

Roue, Les Jacobins, *voûte de la chapelle Saint-Antonin,* Toulouse - Haute-Garonne.

en revanche à l'idée de pureté. Dans l'art chrétien, la fleur devient tardivement une image de la Vierge Marie, de celle qu'on nomme la « rose sans épines », c'est-à-dire sans péché. Dans certains cas cependant, la rose rouge suggère la coupe* ayant recueilli le sang* du Christ et devient donc un symbole du martyre.

Roue : En lien avec le symbolisme du cercle*, la roue puise sa signification dans le mouvement dynamique circulaire de ses rayons. Ainsi, dans nombre de civilisations, elle représente aussi bien le soleil (et sa course dans le ciel) que l'ensemble du cosmos entendu comme la somme des phénomènes cycliques. Elle symbolise le changement, le déplacement, le renouvellement et le recommencement, raison pour laquelle on figure fréquemment le zodiaque* ou le cycle des mois* sous la forme d'une roue. Plus particulièrement, la roue de la fortune est le symbole de l'instabilité perpétuelle de la vie humaine. Synonyme de hasard, elle peut aussi être une image de la justice qui tente d'équilibrer son jugement.

Sablier : Le sablier est un symbole du temps qui passe et qui s'écoule inexorablement, ce qui en fait également un symbole de la mort. Pour accentuer cette idée de fugacité du temps, l'objet est parfois doté, dans l'iconographie, de petites ailes.

Sagittaire* (Centaure)

Sang : Considéré depuis l'Antiquité comme le siège de l'âme et mis en rapport avec les symboles du feu* et du soleil*, le sang est l'image du souffle vital, de la vie et de la force fondamentale. Mais la symbolique du sang est double : il peut également évoquer l'impureté et la souillure. L'iconographie chrétienne reprend cette dualité

Sang, Grünewald, *Retable d'Issenheim* (1512-1516), Musée Unterlinden à Colmar - Haut-Rhin.

Sanglier, *détail du tympan de l'ancienne collégiale Saint-Ursin de Bourges* - Cher. © le Luel.

de sens. Le sang est, d'une part, celui du Christ et donc le symbole de la rédemption de l'homme par le sacrifice du Sauveur sur la croix (c'est aussi un symbole eucharistique évoqué pendant la célébration de l'Eucharistie au cours de la messe à travers le vin*). D'autre part, il est le signe de la mort, du crime, de la faute, de la vengeance mais aussi de la luxure.

Sanglier : Pendant l'Antiquité et ce jusqu'au début du Moyen Age, notamment chez les peuples d'origine germanique, le sanglier est un symbole de force et de courage. En revanche, dans le discours symbolique de l'Eglise forgé pendant l'époque médiévale, le sanglier devient une image du Mal, du démon* à cause de sa férocité et est l'antithèse du cerf*. Par ailleurs, sa disposition naturelle favorable à la reproduction en fait également la bête même de la luxure, combattu par la Chasteté.

Sceptre* (Bâton)

Serpent : Le serpent est un des animaux dont la symbolique est la plus riche mais aussi la plus complexe, parcourue de contradictions et d'oppositions liées à la nature singulière du reptile. Apode, il rampe sur le sol, vit sous terre,

Serpent, *Le Jugement dernier*,
cathédrale Sainte-Cécile, Albi - Tarn.

mue régulièrement et naît d'un œuf comme un oiseau. Les civilisations anciennes font de l'animal un symbole de la sagesse, de la fécondité, du pouvoir de guérison (grâce à son venin), de la régénération (par ses mues) mais aussi une image du monde des enfers, du royaume des morts. Parfois signe de prudence dans la pensée chrétienne, le serpent est avant tout le symbole de la tentation (qui conduit Adam et Eve au péché originel), de la séduction, du Mal (le dragon* en est l'une des multiples formes) et l'incarnation de Satan. Il est aussi associé à la luxure lorsqu'il dévore les seins de la femme pécheresse.

Sirène : Création imaginaire, la sirène se présente sous la forme d'un animal fabuleux à tête et buste de femme et corps d'oiseau ou, à partir du Moyen Age, de poisson. Les légendes racontent que les sirènes charmaient par leur beauté et leur chant mélodieux les marins avant de les tuer et de les dévorer, symbolisant ainsi la séduction mortelle. Passée dans l'iconographie chrétienne, la figure de la sirène, considérée comme un monstre démoniaque, devient à l'époque médiévale, un signe de la luxure et de la volupté (souvent représentée les cheveux* longs dénoués).

Soleil : Le soleil occupe dans le langage des symboles une place centrale et essentielle. En opposition avec la lune*, il est en général défini en tant

Sirène, *chapiteau*, abbatiale
de Conques - Aveyron.

que principe actif et masculin. Par son rayonnement, il représente la lumière, la vie, le feu*, la chaleur et, pour ces raisons, a été adoré chez de nombreux peuples comme une divinité. Fonctionnant sur un schéma cyclique quotidien qui va du lever au coucher, l'astre solaire symbolise la résurrection et l'immortalité, symbolique reprise dans le christianisme qui le compare à l'image du Christ. En revanche, cause de ravage dans certaines régions chaudes du globe, il est aussi le signe de la sécheresse et de la destruction par contraste avec la pluie fécondante.

Sphinx : Le sphinx est dans l'Egypte ancienne un animal hybride à tête humaine (royale de surcroît) et corps de lion*. Associé à l'image du pharaon, il symbolise le pouvoir et la puissance souveraine ainsi que la vigilance (présence dans les nécropoles royales). Au contraire, dans la Grèce antique, le sphinx est généralement une lionne ailée à tête féminine connue pour poser des énigmes à destination de l'humanité. Ainsi la sphinge est-elle l'image de l'inexplicable et de l'inéluctable. Dans l'art chrétien, sa double nature, humaine et animale, fait du sphinx un symbole conjoint du Bien et du Mal.

Sphinx, *Sphinx égyptiens de l'époque ptolémaïque,* Musée du Louvre - Paris.

Taureau : Symbole de force physique et de fécondité, le taureau est considéré comme un animal* sacré dans de nombreuses religions préhistoriques puis antiques (notamment dans les régions méditerranéennes et proche-orientales : par exemple, en Mésopotamie, il symbolise Adad, le dieu de l'orage et par conséquent de la fertilité tandis qu'en Egypte, Apis est un des taureaux sacrés). Dans le christianisme, le taureau, en raison essentiellement de ses cornes, devient une image du Diable, bien que l'animal ailé soit le symbole de l'évangéliste Luc tel qu'il apparaît dans le Tétramorphe*. Dans le zodiaque*, il est le deuxième des douze signes.

Taureau, *Tête de grand taureau noir*, Lascaux - Dordogne. © Ray Delvert.

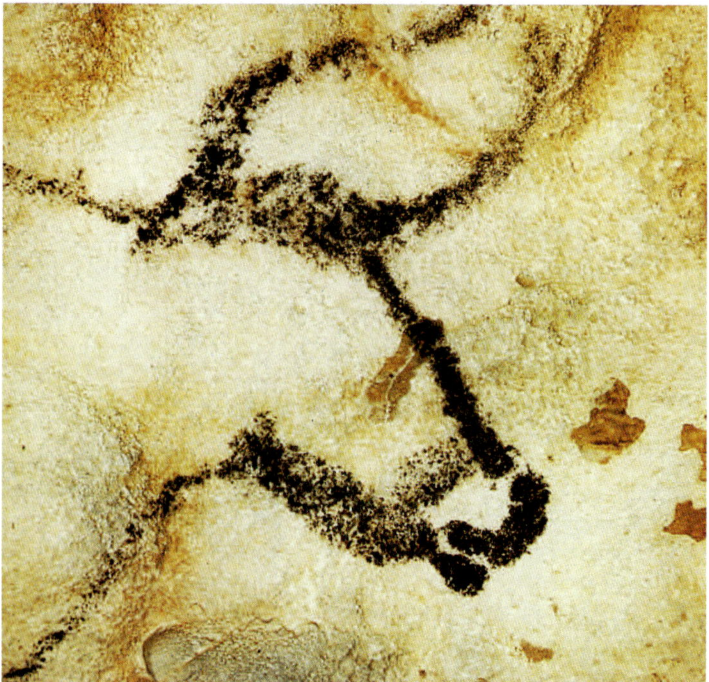

Taureau, *Thésée terrassant le Minotaure*, Jardin des Tuileries - Paris.

Taureau, symbole de l'évangéliste Luc, San Ponziano, Spolète - Italie. © le Luel.

Tétramorphe, *Tombeau d'Agilbert*, cryptes de Jouarre - Seine-et-Marne.

Terre* (Eléments)

Tétramorphe : Le Tétramorphe (quatre formes) est la réunion des symboles des quatre Evangélistes. Appelés également les « quatre Vivants », ils se présentent sous la forme de quatre figures aux ailes (généralement six) constellées d'yeux : l'homme ou un ange pour Matthieu, le lion* pour Marc, le taureau* pour Luc et l'aigle* pour Jean. Le signe du Tétramorphe trouve son origine dans le Livre de l'Apocalypse (4, 6-8) et le Livre d'Ezéchiel (1, 5-12) et symbolise l'omniprésence de Dieu.

Tour : La tour, en tant que construction qui s'élève du sol, est considérée comme un signe de l'axe du monde qui unit la terre et le ciel. Elle incarne la volonté d'élévation supérieure. Le symbolisme biblique de la tour de Babel (Gn 11, 1-9) rejoint cette idée : l'édifice matérialise l'orgueil de l'humanité voulant se hisser jusqu'à Dieu. Le motif de la tour est également un symbole de la chasteté, présent aussi bien dans les contes (jeunes filles enfermées pour échapper à leurs prétendants) que dans le christianisme où elle

Tour, *sainte Barbe*, cathédrale de Senlis, Oise.

est l'image de la Vierge comparée à une « tour d'ivoire » ou encore l'attribut de sainte Barbe (la tour fait également référence à son martyre). Enfin, cette construction fortifiée peut évoquer, par son aspect fermé, la méditation philosophique.

Triangle : Figure géométrique fondamentale, le triangle est en lien étroit avec la symbolique du nombre* Trois. Dessiné la pointe vers le bas, il est traditionnellement une image de l'eau* et du sexe féminin tandis que dessiné la pointe vers le haut, il est un symbole du feu* et du sexe masculin. Par ailleurs, le triangle équilatéral est un des signes les plus anciens dans le christianisme pour représenter la Trinité, en tant que symbole de l'harmonie des proportions.

Trompette, cor, corne, olifant : La trompette et la corne sont deux instruments à vent dont la symbolique évoque la victoire. A la Renaissance, la trompette accompagne l'allégorie de la Renommée pour symboliser la réputation universelle répandue parmi les hommes. Dans l'iconographie chrétienne, la trompette est le symbole de la voix de Dieu, un intermédiaire entre le ciel et la terre, et est très fréquemment représentée dans les scènes du Jugement dernier. Dans la Bible, l'instrument annonce, entre autres, la fin des Temps comme le rapporte Jean dans l'Apocalypse où il évoque « les sept Anges aux sept trompettes » (Ap. 8,6). Autre instrument à vent, le cor est, en revanche, associé au domaine de la chasse dont il peut symboliser l'activité elle-même. Autre type de cor, l'olifant est un symbole guerrier de commandement réservé à la noblesse dont il marque la dignité.

Cor, *La Renommée chevauchant Pégase*, Jardin des Tuileries - Paris.

Vent, souffle : Elément immatériel et mobile (changements perpétuels de direction), le vent est le symbole de l'instabilité, de l'inconstance et de la vanité. Synonyme de souffle, il représente l'esprit et il est l'indice de la présence divine. Ainsi, la pensée chrétienne rapproche le vent du Souffle créateur de Dieu (il insuffle la vie à Adam, le premier homme). Comparés aux anges, les vents sont porteurs de messages divins et ils manifestent la puissance divine. La tempête est alors un symbole de la colère de Dieu ou, dans le monde profane, le signe du déchaînement des passions humaines.

Vigne, L'Ivresse de Noé, Palais des Doges, Venise - Italie.

Souffle, Michel-Ange, *La Création d'Adam* (1508-12), chapelle Sixtine, Rome, Italie.

Vigne, vin, *Le Pressoir mystique*, église Saint-Étienne-du-Mont - Paris.

Vigne, vin : D'une grande richesse est la symbolique de la vigne et de la boisson qui en provient, le vin. Signe d'abondance depuis l'Antiquité, la vigne évoque aussi la renaissance et l'immortalité. Parallèlement, le vin, la boisson des dieux, est un symbole de la jeunesse et de la vie éternelle, de la connaissance et de l'initiation. Le christianisme fait de la vigne un signe du peuple d'Israël et un symbole messia-

Vigne, *Un Amour vendangeur*, Carthage, IVe siècle ap. J.-C., musée du Louvre - Paris.

Voile, Anonyme, *Vierge de pitié*, église Saint-Gervais-Saint-Protais - Paris.

nique. La plante est parfois également assimilée à l'Arbre* de Vie du Paradis. Le vin, par sa couleur, symbolise de manière générale le sang* et, même si dans l'Ancien Testament il est un signe de joie, il devient par la suite une image du sang du Christ et un des principaux symboles eucharistiques avec le pain*.

Vin* (Vigne)

Voile : Le voile est le symbole de la dissimulation, du mystère et de l'ignorance par opposition au dévoilement qui suggère une révélation, une connaissance ou encore une initiation. Le corps dévoilé permet d'accéder à la connaissance véritable (voir nudité*). Le voile est aussi le signe du renoncement au monde extérieur (voile des religieuses), l'image de la chasteté (voile de la mariée) : son but premier est de masquer la chevelure*, synonyme de volupté et donc de luxure. Dans un contexte religieux, la tête voilée lors d'un sacrifice ou les mains* voilées lors d'une offrande sont des symboles de respect et d'humilité face à la divinité.

Zodiaque : Le zodiaque correspond à la zone circulaire que semble parcourir le soleil autour de l'écliptique en une année, traversant de mois en mois les douze principales constellations célestes qui répondent aux douze signes du zodiaque (bélier, taureau*, gémeaux, cancer, lion*, vierge, balance*, scorpion, sagittaire*, capricorne, verseau, poissons*). Schéma divisé en douze parties égales, il est la somme de ces symboles cosmiques dont les noms et les représentations divergent selon les sociétés. Leur signification puise largement dans la symbolique des nombres*. Par ailleurs, en tant que figure cyclique, le zodiaque est associé à l'image du calendrier, une image largement christianisée à l'époque médiévale. Souvent accompagné de la représentation des occupations agricoles des mois* évoquant le temps terrestre, il est utilisé pour symboliser au contraire le temps céleste.

Mois, *Les signes du zodiaque et les mois de l'année*, portail de droite, cathédrale d'Amiens - Somme.

Index

A

B

C

D

E

O

P

Q

R

S

T

V

Z

Ce livre a été imprimé et broché par POLLINA, 85400 Luçon - n° L64604.
Imprimé en France